图说同济

同济大学 编

同济大学出版社 · 上海
TONGJI UNIVERSITY PRESS · SHANGHAI

图书在版编目（CIP）数据

图说同济 / 同济大学编．-- 上海：同济大学出版社，2024. 7. -- ISBN 978-7-5765-1216-8

Ⅰ. G649.285.1-64

中国国家版本馆 CIP 数据核字第 2024HW3793 号

图说同济

同济大学 编

出 品 人：金英伟
责任编辑：熊磊丽
责任校对：徐春莲
装帧设计：刘 青 朱丹天

出版发行：同济大学出版社
地 址：上海市杨浦区四平路 1239 号
电 话：021- 65985622
邮 编：200092
网 址：www.tongjipress.com.cn
经 销：全国各地新华书店
印 刷：上海安枫印务有限公司
开 本：787mm × 1092mm 1/32
印 张：8.25
字 数：74 000
版 次：2024 年 7 月第 1 版
印 次：2025 年 5 月第 2 次印刷
书 号：ISBN 978-7-5765-1216-8
定 价：50.00 元

引 言

“医院能救人于一时，学堂能救人于后世”，“救弱莫若医，救贫莫若工”，同济大学的创办和发展承载着强烈的“济世兴邦”“科教报国”的使命和责任。1907年始于中德两国政府支持下德国人创办的德文医学堂，1917年，因第一次世界大战、中德断交而由华人接办，逐渐从私立大学发展成为南京国民政府成立后的首批国立大学，从医工两科发展成为拥有医工理三大学院的综合性大学。1937年，全面抗战爆发，美丽的校园被日军炸成一片废墟，同济大学开启了十年六次迁校的文化抗战和科教救国之路，辗转大半个中国，行程二万二千里。1950年代，在全国范围的院系调整中，同济服务大局，为中华人民共和国高等教育的全国性布局和经济社会发展作出了巨大贡献。1978年改革开放以来，学校提出并实施“两个转变”，抓住时代机遇，扎根中国大地，不断追求卓越，逐步迈向世界一流大学。同济大学的发展始终与国家民族命运休戚与共，与祖国科教事业心手相牵，创校至今培养了近40万毕业生、260余名两院院士，造就了一大批杰出的政治家、科学家、教育家、医学专家和工程技术专家，为国家富强、民族振兴、社会发展和经济建设作出了重要贡献。

世纪长流，同舟共济。同济大学的发展历程是办学传统和大学精神的凝结沉淀，是师生校友的集体记忆和情感共鸣，更是学校砥砺前进的不竭动力。《图说同济》一书用精选的历史照片和图片，以藏书票的方式呈现同济百十余年办学历程中弥足珍贵的精彩瞬间。书中图片除特别标注的，均为学校声像档案或由有关部门提供。这是一册可阅读、可收藏、可分享的校史图本，您可以循着这些历史的印记，感受以“同舟共济、自强不息”为内核的同济精神，领略以“同济天下、崇尚科学、创新引领、追求卓越”为特质的新时代同济文化，追寻一所大学“与祖国同行，以科教济世”的伟大梦想和光荣足迹。

目录

1907—1917 1

1917—1937 33

1937—1949 69

1949—1978 103

1978—2007 129

2007—2025 173

1907—1917

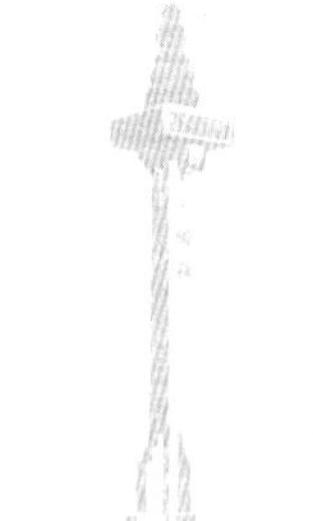

EX-LIBRIS

埃里希·宝隆

Erich Paulun, 1862—1909

德国医学博士，同济医院和德文医学堂的创办人，德文医学堂首任总监督、总理（1907—1909）

001

EX-LIBRIS

伯恩哈特·贝伦子

Bernhard Berrens, 1880—1927

但泽工业大学荣誉博士，特许工程师，同济德文工学堂创办人，曾任同济工科监督、工科教务长（1912—1919，1921—1927）

002

EX-LIBRIS

1907 年，同济德文医学堂校舍，位于上海白克路（今凤阳路）

003

EX-LIBRIS

1908 年，同济德文医学堂牌楼，位于上海宝昌路以南、金神父路以西地界（今复兴中路、陕西南路地界）

004

EX-LIBRIS

1900 年，埃里希·宝隆创办了同济医院，1909 年，更名为宝隆医院

005

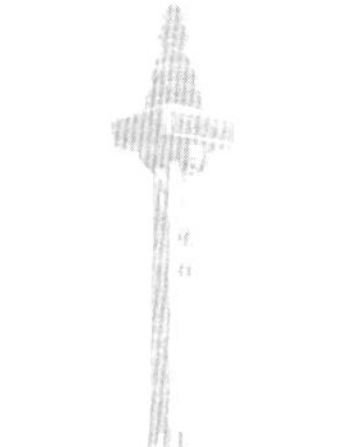

EX-LIBRIS

1913 年 1 月，同济德文工学堂首届学生在实习工厂

006

E X - L I B R I S

1914年落成启用的同济德文医工学堂工科讲堂

007

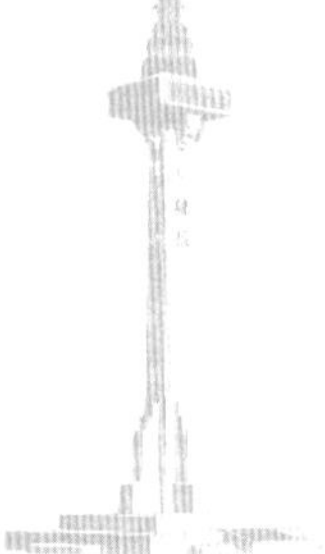

EX-LIBRIS

1915 年，电工机械科、土木工程科及工艺科部分师生合影

008

EX-LIBRIS

1915 年，生理教授室

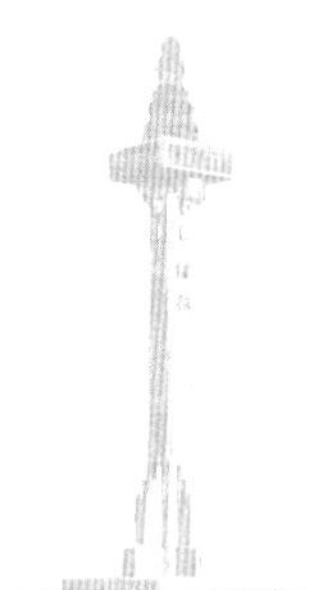

EX-LIBRIS

1915 年，学生足球赛

010

EX-LIBRIS

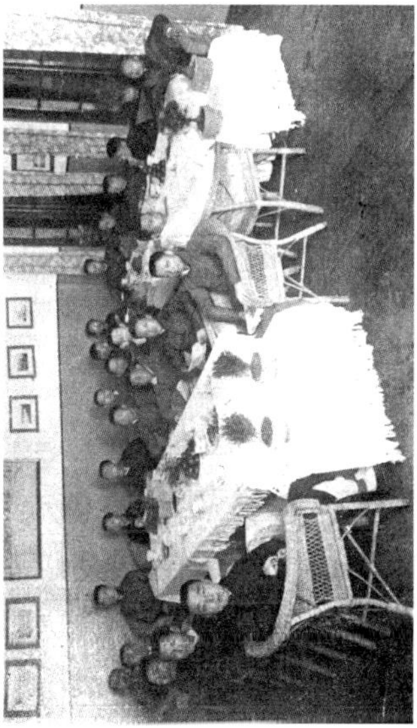

916 年，医学生 1919 俱乐部开会合影

011

EX-LIBRIS

1916 年，工科教授室

012

EX-LIBRIS

1916年，实习工厂机器室

EX-LIBRIS

1916年，土木模型陈列室

014

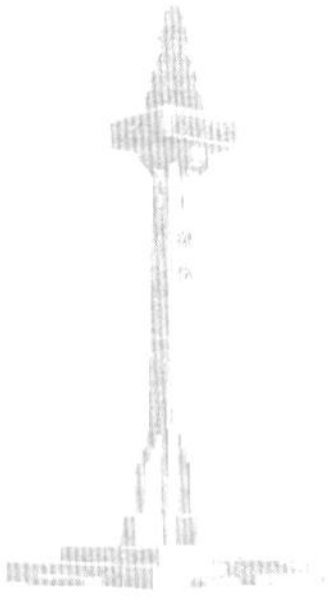

EX-LIBRIS

1916 年，学生网球会成员合影

015

1917—1937

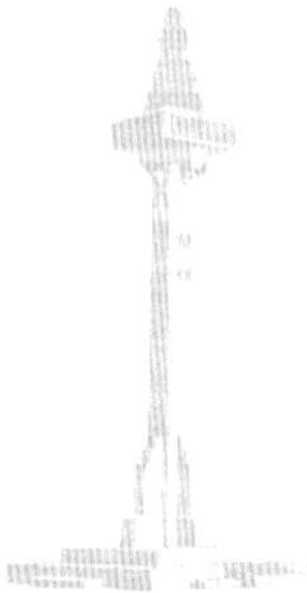

E X - L I B R I S

阮尚介

1891—1960

首位华人校长（1917—1927）

016

EX-LIBRIS

1917 年，同济医工学校校门，为租借吴淞中国公学校址

017

EX-LIBRIS

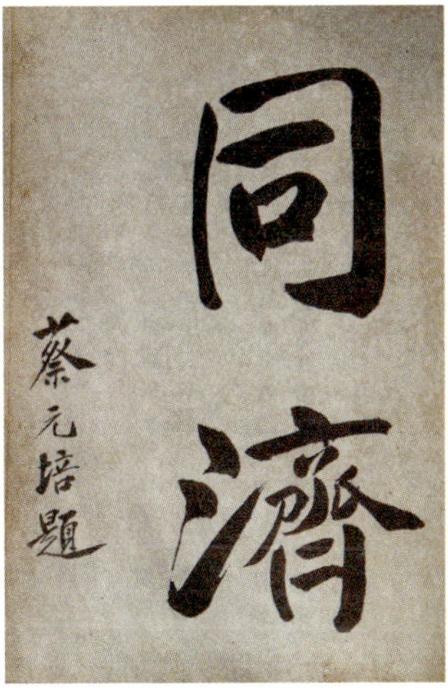

1918 年，学校首本学报《同济》创刊，蔡元培为第二期题词

018

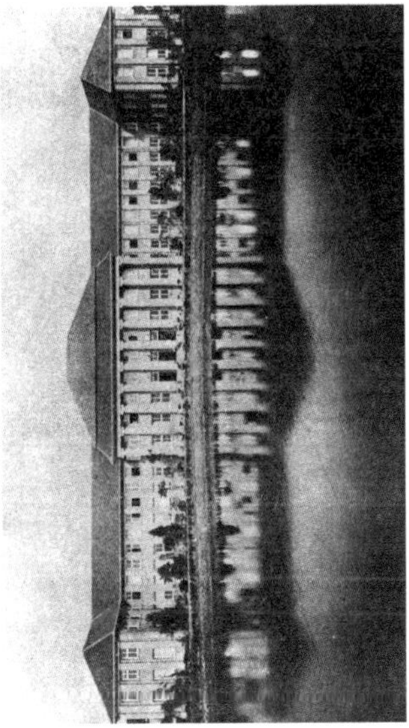

1922 年，吴淞时期学校大礼堂及工科教学楼

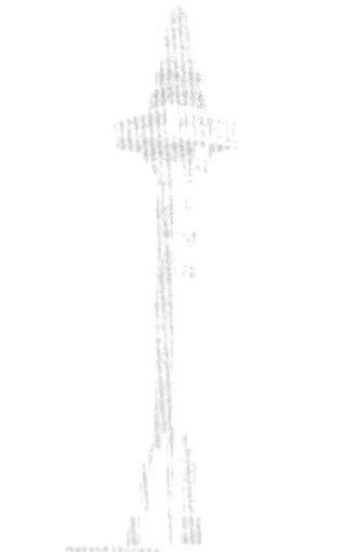

EX-LIBRIS

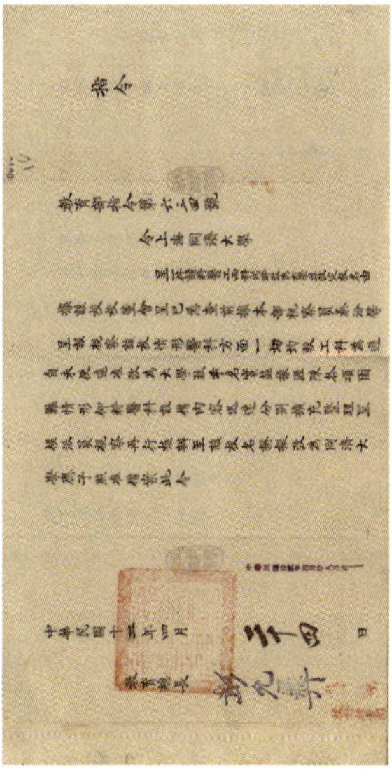

1923年4月，学校定名为同济大学

020

1923 年，学生测量实习

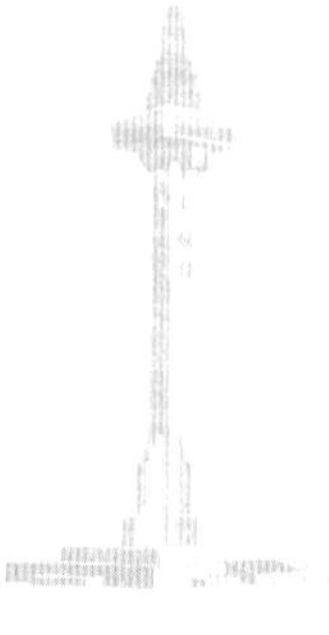

E X - L I B R I S

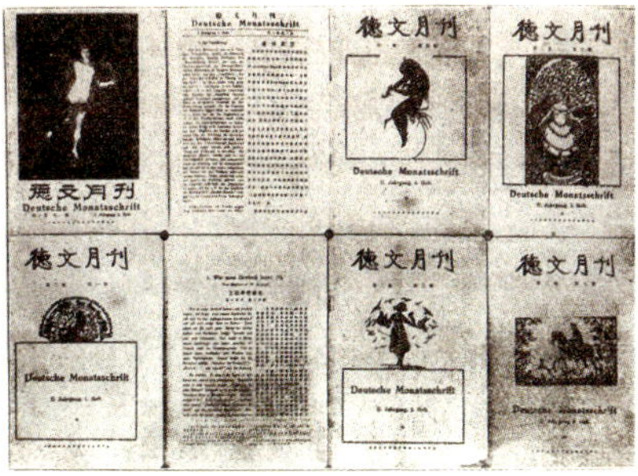

1924 年，《德文月刊》在同济创刊，是当时国内唯一德文学习刊物

022

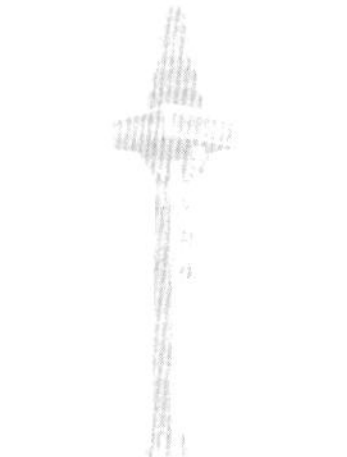

EX-LIBRIS

1927年，国立同济大学校门，位于吴淞（今上海宝山区同济路）

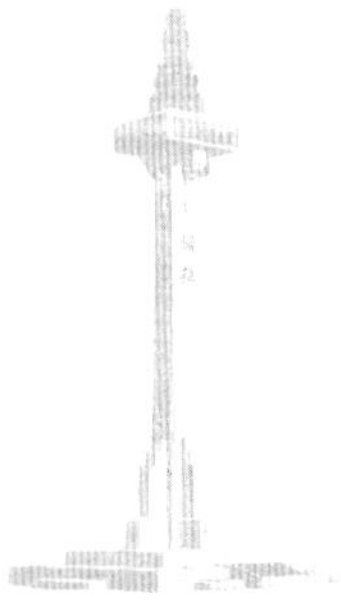

E X - L I B R I S

殷夫

1910—1931

1927 年考入德文补习科，“左联”五烈士之一

024

EX-LIBRIS

1928 年，病理学显微镜实习

EX-LIBRIS

1930 年代，医学院内科教室

026

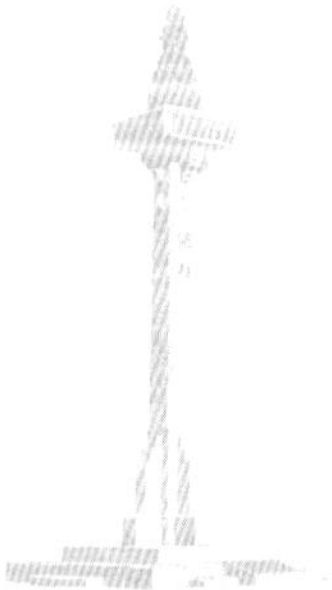

EX-LIBRIS

1932 年，同济大学图书馆（金石声摄）

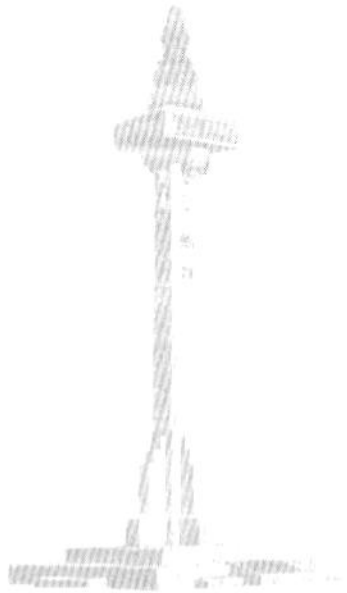

EX-LIBRIS

1933 年，同济大学运动会（金石声摄）

028

EX-LIBRIS

1934 年，学生工程实践（金石声摄）

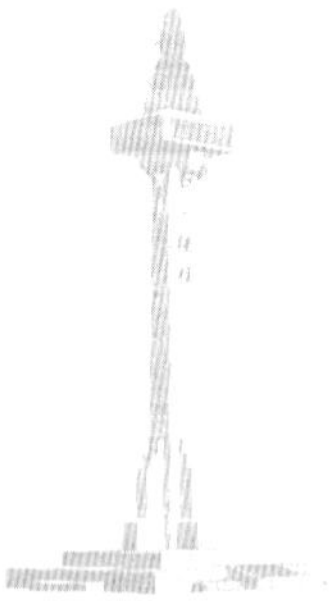

EX-LIBRIS

1934 年，同济人学工学院实验室（金石声摄）

030

E X - L I B R I S

1930 年代，学生无线电社团活动

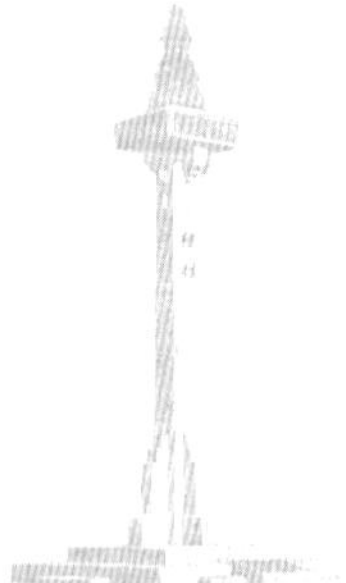

EX-LIBRIS

1936年4月，工科毕业班学生赴青岛四方铁路工厂参观

032

1937—1949

E X - L I B R I S

二次大戰期間學校遷移路線·代表遷校地點

徐爲康

抗日战争时期同济大学迁校示意图（校友徐为康手绘）

033

EX-LIBRIS

1937 年，同济师生迁往金华途中

034

E X - L I B R I S

1938 年 7 月 7 日，同济师生在赣州通天岩露营时在石壁上刻下的“同济”二字

035

EX-LIBRIS

1938 年夏，部分师生在考察途中合影

036

EX-LIBRIS

1938 年，同济大学在广西贺县八步镇（现贺州市八步区）办学时的校舍

037

EX-LIBRIS

1938—1940 年，同济大学在云南昆明办学时的校舍之一

038

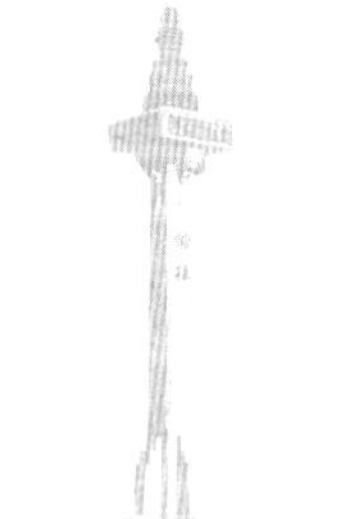

EX-LIBRIS

周均时

1892—1949

国立同济大学校长（1940—1942），主持迁校四川宜宾李庄，1949年11月被国民党反动派杀害于重庆中美合作所

039

EX-LIBRIS

1941—1946 年，同济大学在四川宜宾李庄办学时的工学院校舍（东岳庙）

040

EX-LIBRIS

1942年5月，学校35周年校庆运动会颁奖典礼

041

EX-LIBRIS

1943 年 6 月，同济师生在四川宜宾李庄禹王宫上课（英国著名学者李约瑟摄）

042

EX-LIBRIS

1943年6月，生物系教授童第周与夫人叶毓芬在李庄合影（李约瑟摄）

043

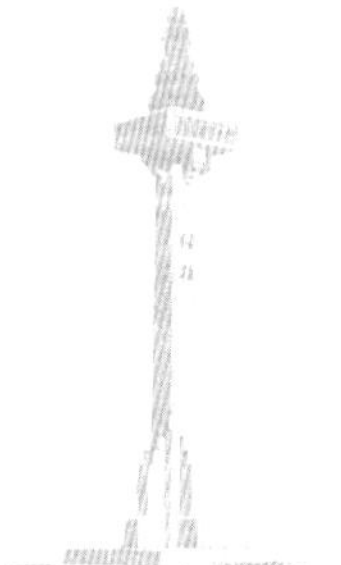

EX-LIBRIS

1946年4月，学生剧社在四川宜宾李庄演出话剧《原野》

044

EX-LIBRIS

1946 年返沪后的工学院校舍，位于上海其美路（今四平路）

045

EX-LIBRIS

1946 年返沪后，理学院的实验课

046

EX-LIBRIS

1948 年，造船系学生在轮船上参观考察

047

EX-LIBRIS

1948 年，同济“一 · 二九”学生运动的宣传画

048

1949—1978

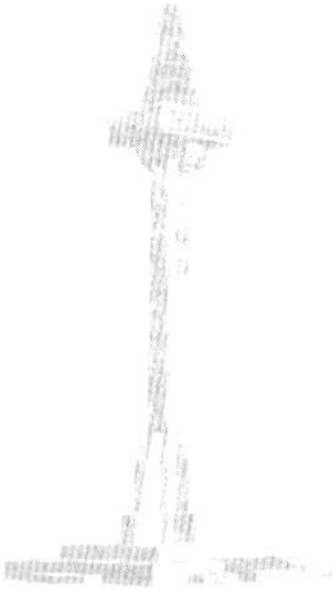

EX - LIBRIS

1949 年 6 月 25 日，同济大学师生庆祝接管

049

EX-LIBRIS

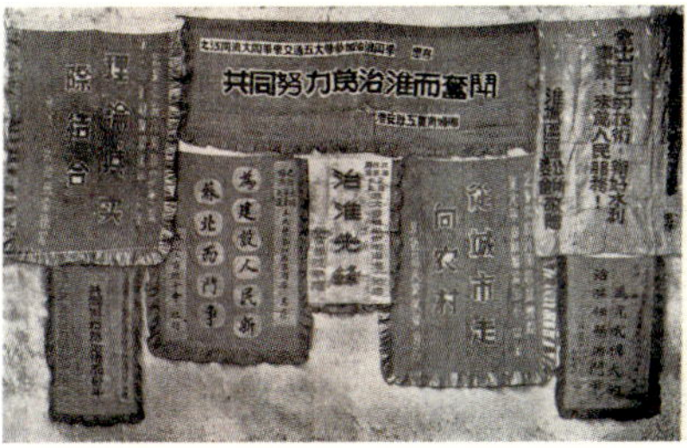

1951 年，同济大学参加治淮工程，获赠锦旗

050

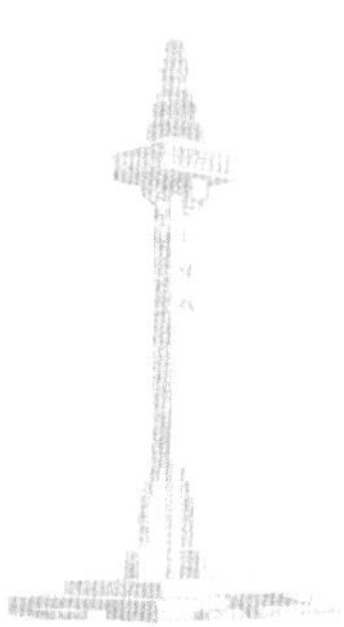

EX-LIBRIS

1951 年，同济大学组建上海首批志愿医疗手术队，奔赴抗美援朝前线

051

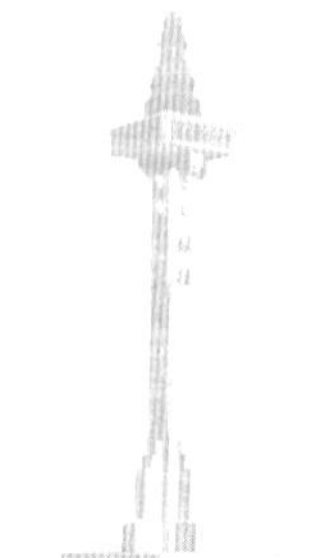

EX-LIBRIS

1953 年建成的文远楼，是我国最早的包豪斯风格建筑

052

EX-LIBRIS

1955 年建成的教学南、北楼，是典型的学院派建筑

053

EX-LIBRIS

1956 年，在校师生设计建造的三好坞

054

EX-LIBRIS

1957年，国际学生来访

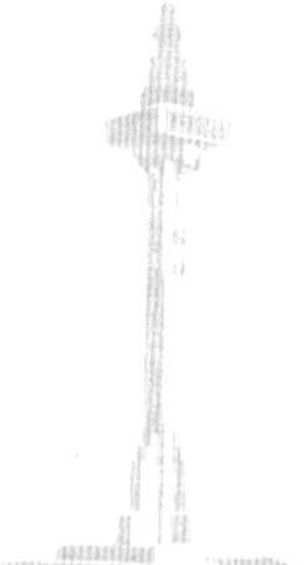

EX-LIBRIS

1957 年，同济学生参加上海市学生文艺汇演获一等奖

056

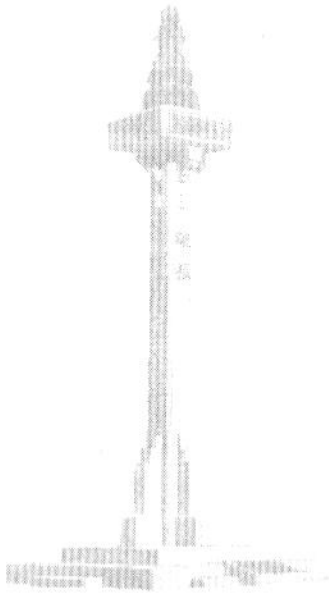

E X - L I B R I S

1950年代建成的校舍（青年楼、解放楼）

057

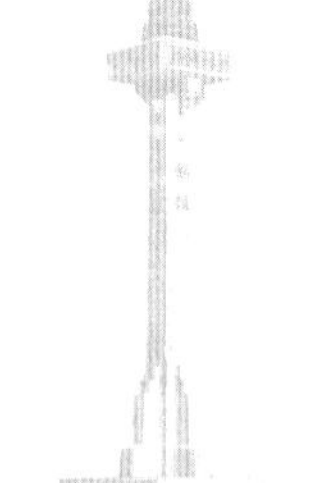

EX-LIBRIS

1950 年代的校门

058

EX-LIBRIS

1961 年落成的大礼堂，其屋顶拱形网架结构被誉为“远东第 拱”

059

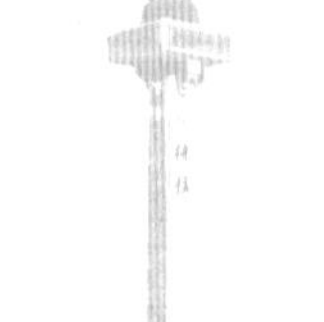

E X - L I B R I S

1967 年，上海高校第一尊毛主席塑像在同济校园内落成

060

1978—2007

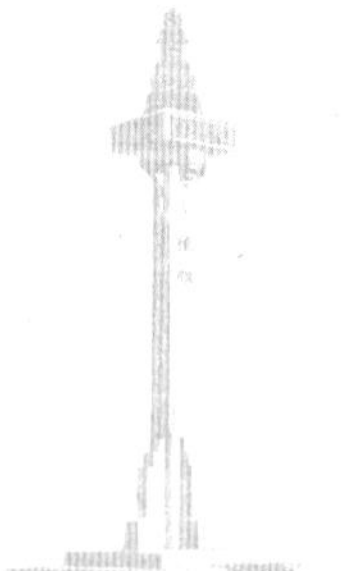

EX-LIBRIS

李国豪

1913—2005

同济大学校长（1977 1984）

061

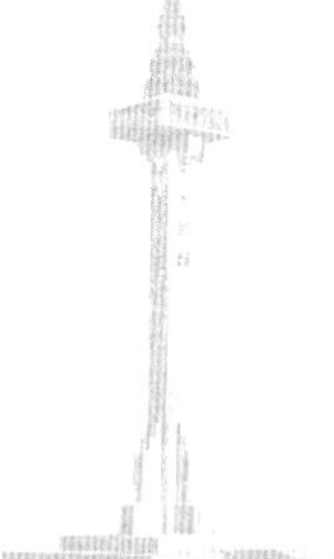

EX-LIBRIS

1981 年，学校首次颁发硕士学位证书大会

062

EX-LIBRIS

1981 年，知名美籍华人建筑师贝聿铭来校作学术报告

063

EX-LIBRIS

1982 年 10 月，时任联邦德国总统卡尔·卡斯滕斯（Karl Carstens）访问同济大学

064

E X - L I B

1984 年，时任联邦德国总理赫
(Helmut Kohl) 访问同济大学

E X - L I B R I S

1984 年，学生开展野外教学实习

065

E X - L I B R I S

1985 年，结构工程专业首届博士论文答辩会

067

EX-LIBRIS

1986年，成立研究生院

068

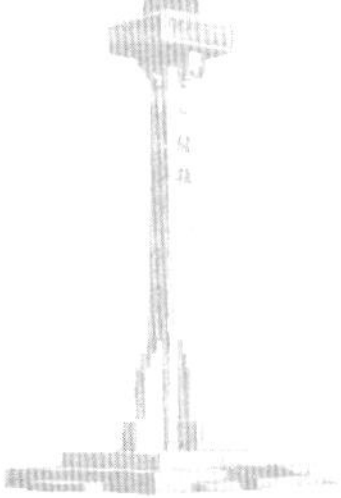

E X - L I B R I S

1987 年的校门

069

EX-LIBRIS

1988 年，首届文化艺术节

070

EX-LIBRIS

1991 年 12 月，同济主持科研总承包的南浦大桥投入使用，这是中国人自主建设的第一座大跨越斜拉桥

071

E X - L I B R I S

1994 年，由同济等单位设计的上海东方明珠电视塔天线桅杆整体顶升工程成功实施

072

E X - L I B R I S

2002年，同济大学授予时任德国总理格哈德·施罗德（Gerhard Schröder）名誉博士学位

073

EX-LIBRIS

2004年8月11日，嘉定校区启用

074

E X - L I B R I S

2004 年，时任法国总统雅克 · 希拉克（Jacques Chirac）访问同济大学

075

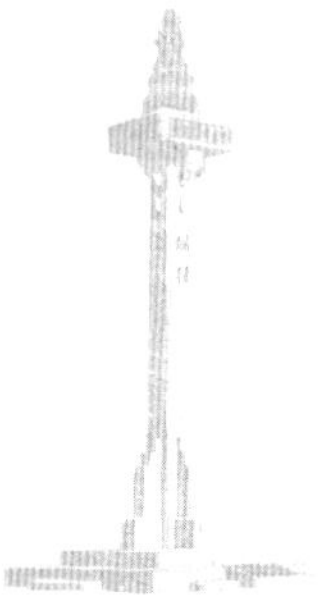

EX-LIBRIS

2006 年，时任意大利总理罗马诺·普罗迪（Romano Prodi）访问同济大学

076

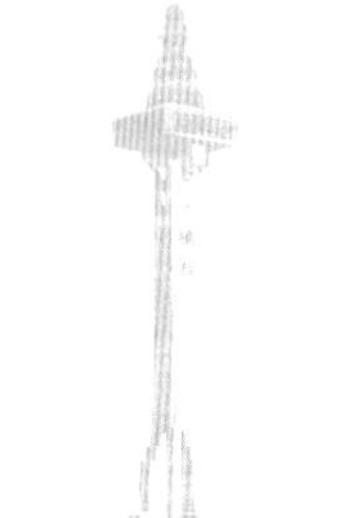

EX-LIBRIS

原上海城市建设学院校舍，该院创建于1978年，1996年并入同济大学

077

E X - L I B R I S

原上海建筑材料工业学院校舍，该院创建于1953年，1996年并入同济大学

078

E X - L I B R I S

原上海铁道大学校舍，该校源于1958年创建的上海铁道学院。2000年，同济大学与上海铁道大学合并组建成新的同济大学

079

EX-LIBRIS

原上海铁道医学院校舍，该院创建于1958年。1995年，与上海铁道学院合并为上海铁道大学。2000年，同济大学与上海铁道大学合并组成新的同济大学

080

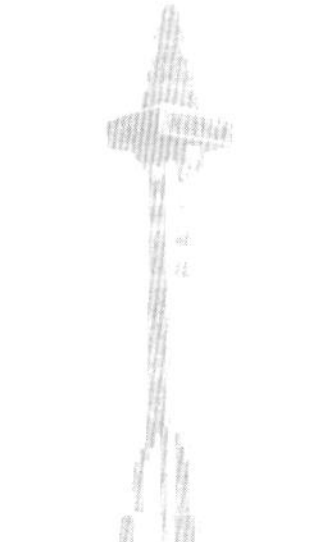

EX-LIBRIS

原上海航空工业学校校舍，该校创建于1951年，2004年划归同济大学管理

081

2007—2025

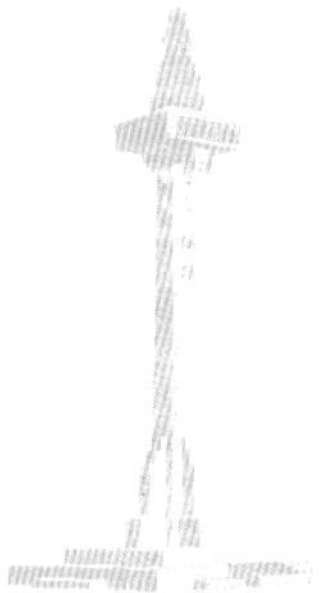

EX-LIBRIS

中国邮政为同济大学建校 100 周年发行的纪念邮票

082

E X - L I B R I S

2007 年 5 月，时任德国总统霍斯特 · 克勒（Horst Köhler）到访同济大学

083

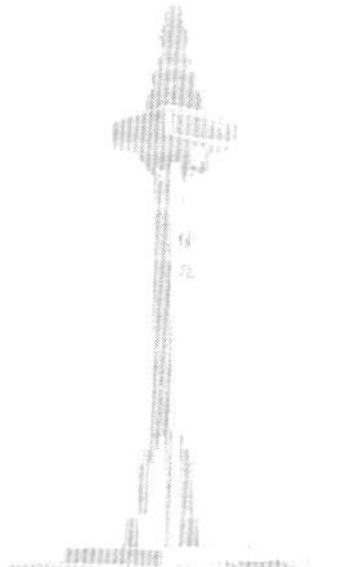

EX-LIBRIS

同济主持日喀则桑珠孜宗堡保护与复原工程

084

EX-LIBRIS

2008 年，同济团队参与第三次北极科考冰站作业（同船科考队员摄）

085

E X - L I B R I S

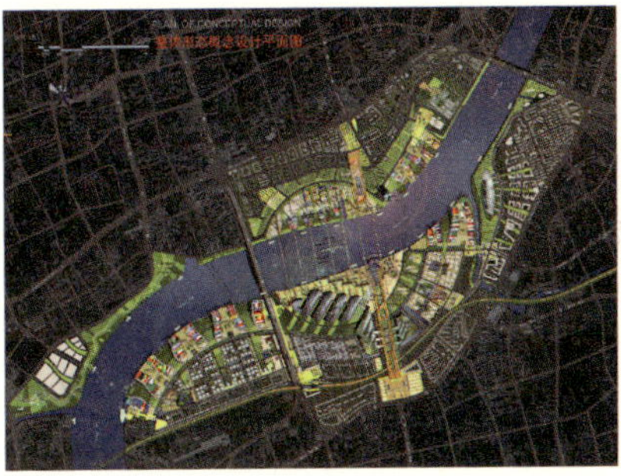

同济深度参与 2010 年上海世博会，图为上海世博会总规划图

086

EX-LIBRIS
地震工程馆内景

EX-LIBRIS

同济深度参与汶川地震抗震救灾工作，图为同济主持设计的北川地震纪念馆

088

EX-LIBRIS

同济参与设计的中国第一高楼——上海中心大厦

080

EX-LIBRIS

2015 年 5 月，同济大学代表队获世界头脑奥林匹克决赛大学组冠军

090

EX-LIBRIS

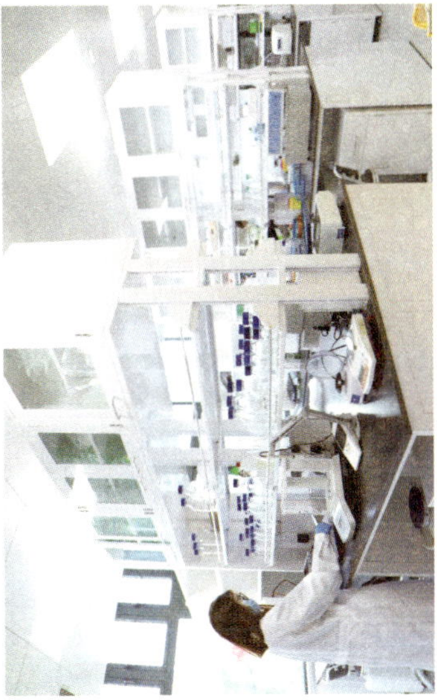

学生在做实验

091

E X - L I B R I S

2016年，时任德国总统约阿希姆·高克（Joachim Gauck）来访同济大学

092

EX-LIBRIS

2016 年，时任意大利总理马泰奥·伦齐（Matteo Renzi）访问同济大学

093

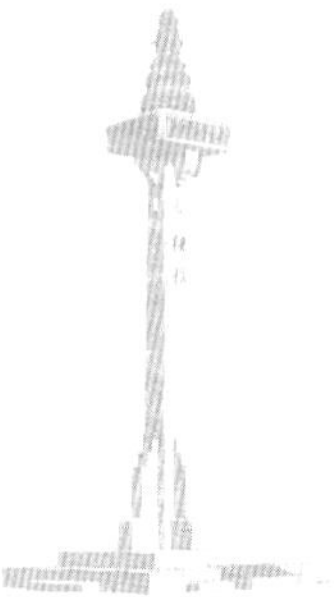

EX-LIBRIS

同济深度参与雄安新区的规划和建设，图为容东片区总规划图

094

EX-LIBRIS

2017 年，同济师生自编自创自演的校史剧《同舟共济》首演

095

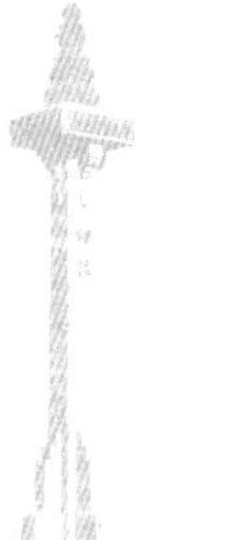

E X - L I B R I S

2018 年，汪品先院士 3 次下潜到南海 1400 米深水下，是下潜南海最年长科学家

096

EX-LIBRIS

同济为港珠澳大桥建设作出了重要贡献

097

EX-LIBRIS

同济大学上海自主智能无人系统科学中心

098

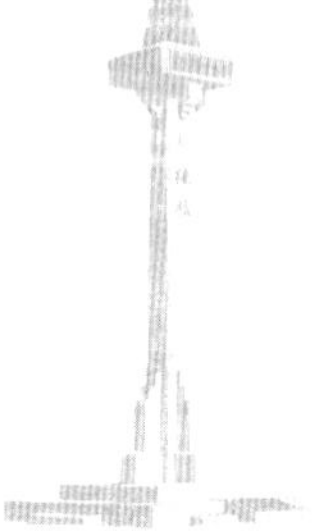

EX-LIBRIS

留学生参加“同舟杯”龙舟比赛

099

EX-LIBRIS
同济深度参与北京大兴国际机场建设
100

EX-LIBRIS

2019 年 8 月，同济大学志远车队获壳牌汽车环保马拉松赛中国站双料冠军

101

EX·LIBRIS

同济主持设计的上海杨浦滨江公共空间示范段

102

EX-LIBRIS

同济大学高速磁浮综合试验线和智能网联汽车测试评价基地

103

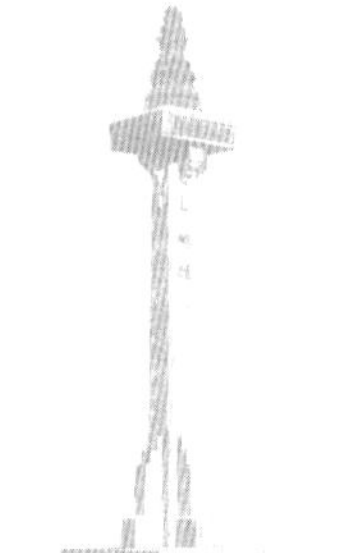

E X - L I B R I S

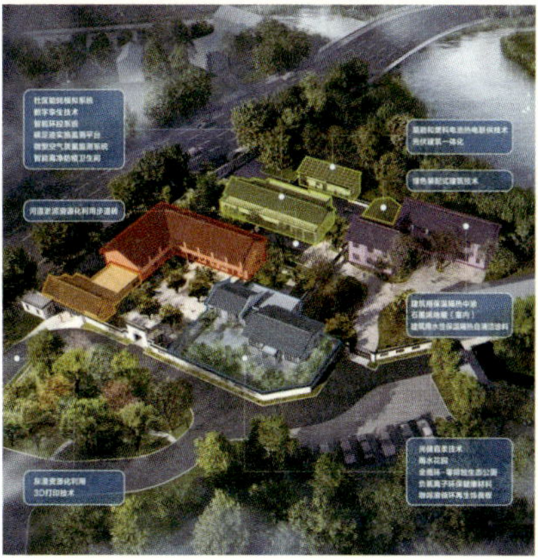

同济牵头建设长三角可持续发展研究院

104

EX-LIBRIS

2022 年，同济学子参与中国第 39 次南极科考

105

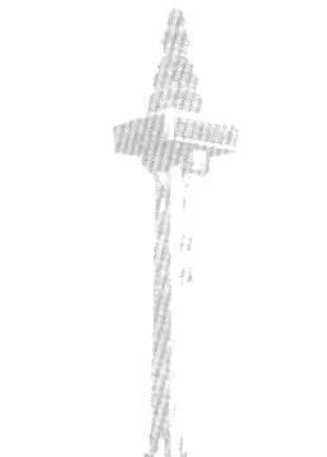

E X - L I B R I S

同济定点帮扶云南省云龙县，设计的永安上村村民议事中心——“永安之心”，获 2022 年度 Dezeen Awards 设计大奖

106

EX-LIBRIS

2023 年 9 月，“同济 · 海一号”东海多圈层观测塔完成主体结构海上安装

107

EX-LIBRIS

同济学子覃海洋当选为2023杭州亚运会最有价值运动员（MVP）

108

EX · LIBRIS

同济参与承办 2023 世界设计之都大会

109

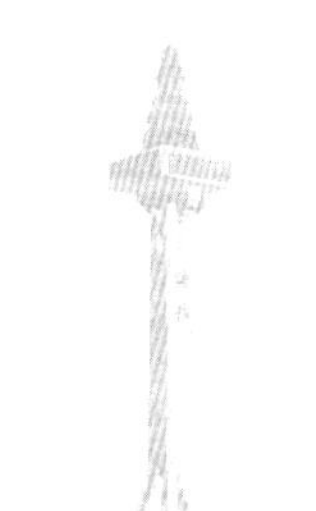

EX-LIBRIS

同济大学与遵义会议纪念馆共建国家革命文物协同研究中心

110

EX-LIBRIS

2024 年 4 月，德国总理奥拉夫·朔尔茨（Olaf Scholz）到访同济大学

111

同济学生代表队在 ROBOCUP 机器人世界杯中国赛中勇夺十一连冠

2024年，同济大学发布《人工智能赋能学科创新发展行动计划（2024—2027）》

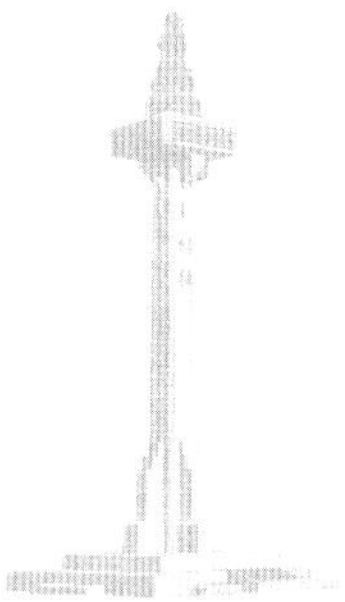

EX-LIBRIS

2024 年 9 月，西班牙首相佩德罗·桑切斯访问同济大学

114

EX-LIBRIS

四平路校区

115

EX-LIBRIS
嘉定校区
116

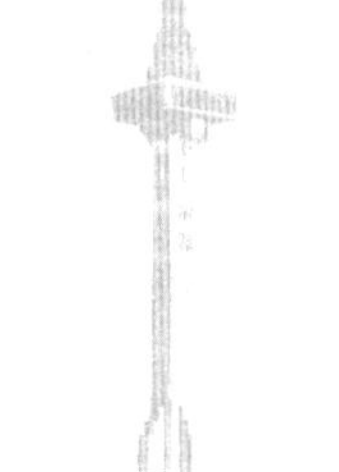

EX-LIBRIS
沪西校区
117

EX-LIBRIS
沪北校区
118

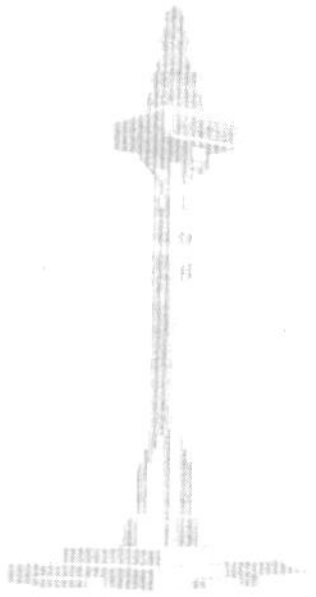

E X - L I B R I S

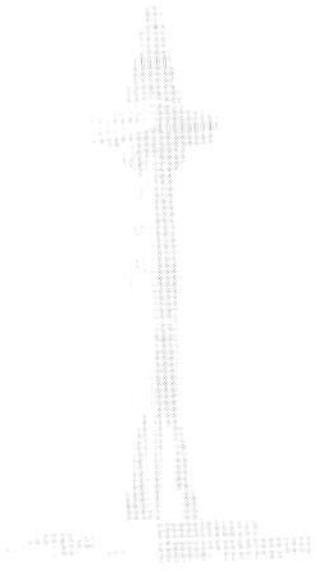

E X - L I B R I S

E X - L I B R I S

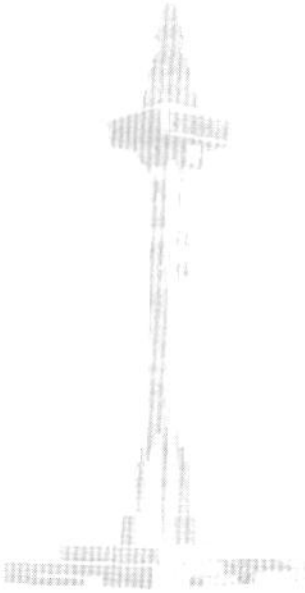

E X - L I B R I S

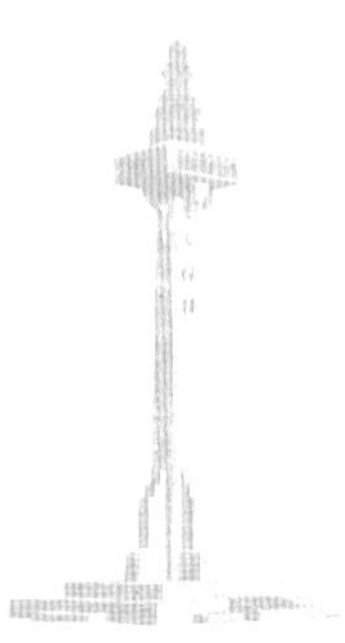

E X - L I B R I S